Conrad K. B

LES CAMIONS POUBELLES DU MONDE

Conrad K.
PUBLISHING WAW

/conradpublishing

Copyright 2022©
Tous droits réservés. Aucune partie de cette publication ne peut être reproduite, distribuée ou transmise sous quelque forme ou par quelque moyen que ce soit, y compris la photocopie, l'enregistrement ou d'autres méthodes électroniques ou mécaniques, sans l'autorisation écrite préalable de l'éditeur, sauf dans le cas de brèves citations incorporées. dans des critiques critiques et dans certaines autres utilisations non commerciales autorisées par la loi sur le droit d'auteur.

Camions poubelles argentins

Le saviez-vous ?

DANS LE MONDE, PLUS DE UN MILLION DE BOUTEILLES EN PLASTIQUE SONT VENDUS CHAQUE MINUTE, SOIT 20.000 CHAQUE SECONDE !

Camions poubelles australiens

Le saviez-vous ?

DU PLASTIQUE QUI FINIT DANS LES OCÉANS TUENT PLUS DE UN MILLION D'OISEAUX MARINS ET CENT MILLE MAMMIFÈRES MARINS CHAQUE ANNÉE.

Camions poubelles autrichiens

Le saviez-vous ?

UNE GRANDE PARTIE DU POISSON QUE NOUS MANGEONS CONTIENT DES MICROPLASTIQUES NON DIGÉRÉS !

Camions poubelles belges

Le saviez-vous ?

Un sac en plastique met 100 à 400 ans à se décomposer. Chaque année, entre 500 milliards et mille milliards de sacs en plastique sont introduits sur le marché mondial.

Camions poubelles brésiliens

Le saviez-vous ?

LES CANETTES EN ALUMINIUM PEUVENT ÊTRE RECYCLÉES UN NOMBRE INFINI DE FOIS. TRAITER UNE TONNE D'ALUMINIUM PERMET D'ÉCONOMISER 4 TONNES DE MINERAI ET 700 KILOGRAMMES DE PÉTROLE BRUT.

Camions poubelles canadiens

Le saviez-vous ?

Les emballages en verre peuvent être recyclés une infinité de fois. La réutilisation d'une bouteille en verre permet d'économiser 1 100 W d'énergie, nécessaire pour en produire une nouvelle.

Camions poubelles chinois

Le saviez-vous ?

LA QUASI-TOTALITÉ (80 À 95 %) DES VOITURES DESTINÉES À LA CASSE SONT RECYCLABLES.

Camions poubelles français

Le saviez-vous ?

IL FAUT ENVIRON 17 ARBRES POUR PRODUIRE 1 TONNE DE PAPIER. CES ARBRES PRODUISENT SUFFISAMMENT D'OXYGÈNE POUR 170 PERSONNES PAR AN.

Camions poubelles allemands

Le saviez-vous ?

UNE BRIQUE DE LAIT A SUFFISAMMENT D'ÉNERGIE POUR ALIMENTER UNE AMPOULE DE 60 WATTS PENDANT 1,5 HEURE.

Camions poubelles grecs

Le saviez-vous ?

UN ROBINET QUI FUIT ET GOUTTE LÉGÈREMENT PROVOQUE ENVIRON 36 LITRES D'EAU QUI COULE PAR JOUR. UNE CHASSE D'EAU QUI FUIT ENTRAÎNE UNE FUITE D'ENVIRON 720 LITRES D'EAU PAR JOUR.

Camions poubelles indiens

Le saviez-vous ?

ON ESTIME QUE 35 BOUTEILLES EN PLASTIQUE SUFFISENT POUR FABRIQUER UNE VESTE POLAIRE. LA FIBRE DE POLYESTER OBTENUE À PARTIR DES BOUTEILLES EST UN EXCELLENT MATÉRIAU POUR LA PRODUCTION PAR EX. SACS À DOS, TENTES OU CHAUSSURES.

Camions poubelles iraniens

Le saviez-vous ?

CHAQUE 100 KG DE PAPIER ÉQUIVAUT À LA TAILLE MOYENNE DE DEUX ARBRES, MAIS IL EST IMPORTANT DE SAVOIR QU'UN ARBRE PRODUIT SUFFISAMMENT D'OXYGÈNE POUR 10 PERSONNES PAR AN.

Camions poubelles japonais

Le saviez-vous ?

Les camions alignés qui transportent chaque année 2,12 milliards de tonnes de déchets en décharge feraient 24 fois le tour du monde !

Camions poubelles mexicains

Le saviez-vous ?

UN LITRE D'HUILE MOTEUR USAGÉE PEUT CONTAMINER UN MILLION DE LITRES D'EAU !

Camions poubelles nigérians

Le saviez-vous ?

600 CANETTES EN ALUMINIUM PEUVENT ÊTRE UTILISÉES POUR FABRIQUER UN VÉLO ET 3 CANETTES EN ALUMINIUM PEUVENT ÊTRE UTILISÉES POUR FABRIQUER DES MONTURES DE LUNETTES.

Camions poubelles polonaiss

Le saviez-vous ?

LES DÉCHETS TELS QUE LES BOUTEILLES, LES SACS À LUNCH, LES SACS EN PLASTIQUE ET LES SACS À PROVISIONS REPRÉSENTENT ENVIRON 7 % DU POIDS DE TOUS LES DÉCHETS, MAIS ILS OCCUPENT BEAUCOUP DE PLACE — PRÈS DE 30 % DE TOUS LES DÉCHETS !

Camions poubelles russes

Le saviez-vous ?

NE JETEZ JAMAIS DE MÉDICAMENTS DANS LES TOILETTES ! LES STATIONS D'ÉPURATION NE TRAITENT PAS BIEN CES SUBSTANCES ET LEUR PRÉSENCE DANS L'EAU REND LES BACTÉRIES ET LES VIRUS RÉSISTANTS À CELLES-CI.

Camions poubelles saoudiens

Le saviez-vous ?

LE MÉTHANE REJETÉ PAR LES DÉCHARGES EST 27 FOIS PLUS AGRESSIF QUE LE DIOXYDE DE CARBONE.

Camions poubelles sud-africains

Le saviez-vous ?

STATISTIQUEMENT, CHACUN DE NOUS JETTE ENVIRON 56 RÉCIPIENTS EN VERRE ENTIÈREMENT RECYCLABLES PAR AN.

Camions poubelles sud-coréens

Le saviez-vous ?

LA QUANTITÉ DE DÉCHETS ACCUMULÉS A TRIPLÉ AU COURS DES 20 DERNIÈRES ANNÉES. LA SUPERFICIE OCCUPÉE PAR CES DÉCHETS A DOUBLÉ.

Camions poubelles espagnols

Le saviez-vous ?

Le téléphone mobile contient des matériaux tels que le cuivre et l'or, ainsi que des métaux rares. Il faut 1 000 tonnes de roche pour obtenir une tonne de cuivre. La même tonne de cuivre se retrouve également dans 14 tonnes de déchets électroniques.

Camions poubelles thaïlandais

Le saviez-vous ?

SAVIEZ-VOUS QUE SI VOUS SUPERPOSIEZ TOUS LES TÉLÉVISEURS QUE NOUS REMPLAÇONS PAR DE NOUVEAUX, VOUS POURRIEZ CONSTRUIRE UNE COLONNE PRÈS DE 50 FOIS PLUS HAUTE QUE LE MONT EVEREST ?

Camions poubelles turcs

Le saviez-vous ?

LA PORTE VITRÉE DU LAVE-LINGE PEUT ÊTRE TRANSFORMÉE EN UN BOL PRATIQUE RÉSISTANT À LA CHALEUR, ET LES FIBRES DE CARBONE RÉCUPÉRÉES ET TRAITÉES SERONT UTILISÉES POUR PRODUIRE DES VOILES OU DES TENTES DURABLES.

Camions poubelles britanniques

Le saviez-vous ?

Les métaux, notamment l'or, l'argent ou le cuivre, récupérés dans les téléphones portables usagés peuvent être utilisés pour fabriquer des bouilloires, des plombages dentaires et même des instruments de musique.

Camions poubelles américains

Le saviez-vous ?

Il y a environ 5 milliards de téléphones utilisés dans le monde. La production de téléphones mobiles consomme 13 % de la production mondiale de platine et 11 % de la production mondiale de cobalt.

vérifiez également :

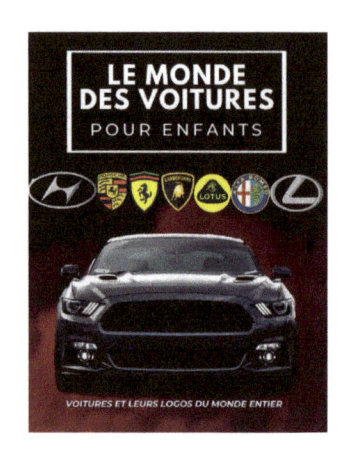

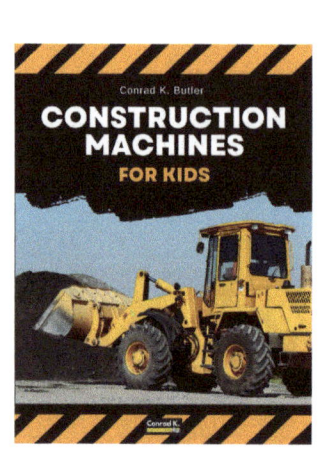

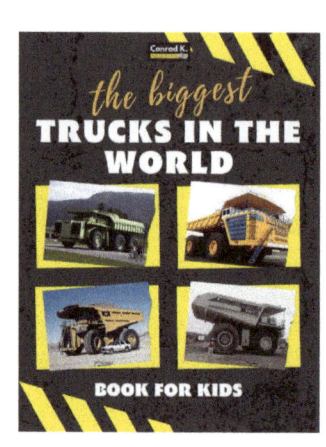

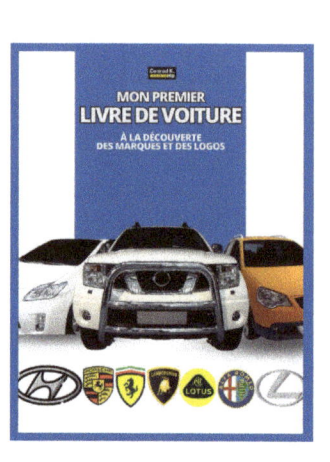

et beaucoup plus!

f /conradpublishing

Copyright 2022©
Tous droits réservés. Aucune partie de cette publication ne peut être reproduite, distribuée ou transmise sous quelque forme ou par quelque moyen que ce soit, y compris la photocopie, l'enregistrement ou d'autres méthodes électroniques ou mécaniques, sans l'autorisation écrite préalable de l'éditeur, sauf dans le cas de brèves citations incorporées. dans des critiques critiques et dans certaines autres utilisations non commerciales autorisées par la loi sur le droit d'auteur.

Printed in the USA
CPSIA information can be obtained
at www.ICGtesting.com
LVHW070732241023
761970LV00017B/234